하나님
어떻게
기도할까요?

WHAT EVERY CHILD SHOULD KNOW ABOUT PRAYER

Originally published in English as What Every Child Should Know About Prayer
Text Copyright ⓒ 2018 by Nancy Guthrie
Illustrations Copyright ⓒ 2018 by Jenny Brake

Published by arrangement with 10 Publishing, Unit C. Tomlinson Road, Leyland, PR 25 2DY,
England a division of 10ofthose.com through rMaeng2, Seoul, Republic of Korea.
All rights reserved.

This Korean translation edition Copyright ⓒ 2020 by Word of Life Press, Seoul, Republic of Korea.

이 한국어판의 저작권은 알맹2 에이전시를 통하여 10 Publishing과 독점 계약한 생명의말씀사에 있습니다.
신저작권법에 의하여 한국 내에서 보호받는 저작물이므로 무단 전재와 무단 복제를 금합니다.

하나님 어떻게 기도할까요?

ⓒ 생명의말씀사 2020

2020년 3월 30일 1판 1쇄 발행
2024년 5월 2일 3쇄 발행

펴낸이 | 김창영
펴낸곳 | 생명의말씀사

등록 | 1962. 1. 10. No.300-1962-1
주소 | 서울시 종로구 경희궁1길 6 (03176)
전화 | 02)738-6555(본사) · 02)3159-7979(영업)
팩스 | 02)739-3824(본사) · 080-022-8585(영업)

기획편집 | 유선영, 김민주, 김귀옥
디자인 | 김혜진
인쇄 | 영진문원
제본 | 다인바인텍

ISBN 978-89-04-16291-8 (03230)

저작권자의 허락 없이 이 책의 일부 또는 전체를
무단 복제, 전재, 발췌하면 저작권법에 의해 처벌을 받습니다.

일러두기
본문에 나오는 성경은 현대인의성경을 사용했습니다.

WHAT EVERY CHILD SHOULD KNOW ABOUT PRAYER

어린이를 위한 6가지 기도 레시피

하나님 어떻게 기도할까요?

낸시 거스리 지음 / 제니 브레이크 그림 / 배정아 옮김

추천의 글

『하나님 어떻게 기도할까요?』는 기도에 대해 가르치고 기도 훈련으로
아이들의 믿음을 성장시키고자 하는 부모, 사역자, 교사들에게 완벽한 선물과 같습니다.
굉장히 실용적이며 이해하기 쉽고,
어린이 독자들이 좋아할 만한 귀여운 그림도 만날 수 있습니다.
어린이 신앙 훈련을 위한 최고의 교재입니다.

_ 얀시 애링턴, 클리어크릭커뮤니티교회 교육목사

이 책은 기도의 특권은 무엇인지,
그 소중한 진리를 어린이들의 눈높이에 맞춰서 쉽게 가르쳐줍니다.
자녀들에게 하늘에 계신 하나님 아버지께 기도하는 방법을 알려주고 싶었던 부모라면
이 책을 강력히 추천합니다. 우리 손주들에게 이 책을 읽어줄 날이 몹시 기다려지네요!

_ 알리스터 벡, 파크사이드교회 담임목사

『하나님 어떻게 기도할까요?』는 친근하고 재미있는 일러스트와 함께
하나님께 어떻게 기도해야 할지 어린이들에게 하나씩 친절하게 안내해주는 책입니다.
아이들에게 기도에 관한 성경적 진리를 가르쳐주는 것은 물론, 성경에 나오는
기도의 사람부터 아이들이 따라해볼 수 있는 기도문까지 담겨 있어서
이 책으로 쉽게 기도를 시작할 수 있습니다.
어린이뿐만 아니라 부모들에게도 굉장히 유용합니다!

_ 멜리사 크루거, 『Walking with God in the Season of Motherhood』의 저자

CONTENTS

추천의 글 4

1 하나님은 우리와 대화하길 원하세요

기도로 하나님과 대화해요 17

우리가 기도할 때 하나님은 듣고 계세요 18

사람들에게 이야기하는 것처럼
하나님께 이야기할 수 있어요 20

몸으로 기도할 수 있어요 22

어디서나 기도할 수 있어요 24

어떤 것이든 기도할 수 있어요 26

하나님은 우리의 아버지시며
자녀의 기도를 듣길 원하시는 분이에요 28

하나님이 우리의 기도를 기쁘게 받으시는 이유는
예수님 때문이에요 30

우리 기도를 도우시는 성령님 33

기도를 주제로 풍부한 내용을 담고 있으면서도
어린이들이 앉은 자리에서 다 읽을 수 있을 만큼 내용이 간결합니다.
멋진 삽화까지 곁들여 어린이들의 눈높이에 맞춘,
기도 신학이나 마찬가지입니다.
매일 잠자기 전 자녀와 함께 읽어보세요.
분명 하나님의 말씀으로 가정이 변화되는 것을 경험할 것입니다.

_ 챔프 손튼, 『래디컬 북: 믿음의 뿌리와 내용을 발견하는 탐험』(The Radical Book for Kids and Pass it on)의 저자

자녀에게 기도하는 법을 가르쳐주는 부모는
자녀에게 최고의 것을 가르쳐주는 셈입니다.
아이들을 가르치느라 힘들게 싸우지 않아도 됩니다.
이 책이 근사한 기도 여행을 시작하게 해줄 것입니다.

_ 폴 밀러, 『일상 기도』(A Praying Life)의 저자

어릴 때부터 기도는 선택이 아닌 필수라는 것을 자녀들에게 가르쳐야 합니다.
이 책은 실제로 어린이들이 기도를 시작하려 할때
맞닥뜨릴 수 있을 법한 문제들에 대해 구체적인 예를 들어
기도하는 법을 상세히 알려줍니다.
자녀들에게 이 책을 반복해서 읽어주기를 추천합니다.

_ 디팍 레주, 『On Guard』, 『Great Kings of the Bible』의 저자

기도는 아주 단순하며 아이들도 할 수 있는 것인데
어른들이 공연히 복잡한 것으로 만들어놓을 때가 있습니다.
하나님은 우리가 진실한 마음으로 문제를 가지고 나와 솔직하게 이야기하길 원하십니다.
이 책에는 우리 마음을 무장해제시켜 어린아이와 같은 믿음을 일깨우는 힘이 있습니다.
센스 넘치는 삽화까지 더해져, 잠자리에 들기 전이나
혹은 아침식사 시간에 부모가 자녀에게 읽어주기에 완전히 적합합니다.
기도의 걸음마부터 기도에 대한 심오한 지혜까지 다루고 있어서
나이를 막론하고 어린아이부터 권사님까지, 하나님의 사랑받는 자녀라면 누구나
이 책을 통해 기도의 실전 훈련법을 만나게 될 것입니다.

_ 데이비드, 낸 폴리슨, 기독교상담교육재단

『하나님 어떻게 기도할까요?』는 금방 읽을 수 있는 짧은 책이지만,
평생에 걸쳐 축복이 되는 메시지를 담고 있습니다.
저자인 낸시 거스리는 자녀들에게 기도를 가르치는 방법에 통달한 사람입니다.
우리 자녀들에게도 올바른 기도를 가르쳐서 천국으로 안내해보세요.

_ 마티 마쵸스키, 『세상에서 배울 수 없는 하나님을 아는 지식』(The Ology)의 저자

2 필요한 것을 구하는 것만이 기도의 전부가 아니에요

하나님이 필요하다고 기도해요 36

하나님 그분 자체를 찬양해요 39

하나님께서 베풀어주신 것들에 감사해요 40

잘못한 일들을 하나님께 고백해요 42

하나님께 필요한 것들을 간구해요 44

우리의 마음을 하나님께 이야기해요 47

3 하나님의 사람들은 언제나 기도했어요

모세는 하나님의 영광을 보여달라고 기도했어요   51

다윗은 깨끗한 마음을 달라고 기도했어요   52

솔로몬은 지혜를 달라고 기도했어요   54

이사야는 하나님께 자신을 바쳤어요   56

마리아는 하나님의 뜻을 기쁘게 받아들였어요   59

바울은 하나님께 고통을 없애달라고 기도했어요   60

4 시편 말씀으로 기도할 수 있어요

시편으로 하나님께 기도해요	64
시편은 하나님을 신뢰할 수 있게 도와줘요	66
시편은 하나님께 도움을 구하는 방법을 가르쳐줘요	68
시편은 하나님을 기뻐할 수 있게 도와줘요	70
시편은 하나님을 사랑할 수 있게 도와줘요	72
시편은 하나님을 찬양할 수 있게 도와줘요	75
시편은 하나님께 감사할 수 있게 도와줘요	76
시편은 우리에게 가장 필요한 것이 무엇인지 가르쳐줘요	78
시편은 하나님께 소망을 갖도록 도와줘요	80
시편은 하나님의 말씀을 사랑할 수 있게 도와줘요	82
시편은 하나님의 선하심을 이해하는 데 도움이 돼요	85
시편은 하나님께서 우리를 아신다는 믿음을 갖게 해줘요	87

5 기도를 가르쳐주시는 예수님

예수님은 기도를 사랑하셨어요	92
우리는 기도하는 법을 배워야 해요	94
예수님은 하늘에 계신 아버지께 기도하셨어요	97
예수님은 하나님의 이름을 높이며 기도하셨어요	98
예수님은 하나님의 나라가 오게 해달라고 기도하셨어요	100
예수님은 하나님의 뜻이 이루어지게 해달라고 기도하셨어요	102
예수님은 필요한 것들을 하나님께 구하라고 가르쳐주셨어요	104
죄를 용서해달라고 기도해요	106
우리를 죄악으로부터 보호해달라고 기도해요	108
예수님의 이름으로 기도해요	110
예수님의 말씀이 우리 안에 있으면 우리는 어떤 것이든 하나님께 구할 수 있어요	112
예수님은 하나님의 뜻을 어떻게 구해야 하는지 보여주셨어요	114
예수님은 하나님 아버지가 우리를 좋은 것으로 만족시켜주실 분이라고 믿었어요	117

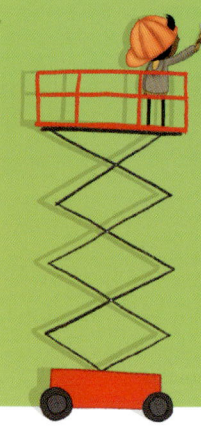

6 같이 기도해요!

사람들을 축복해달라고 기도해요	122
아픈 사람들을 위해 기도해요	125
필요한 것들을 채워달라고 기도해요	128
더욱 예수님을 닮아가게 해달라고 기도해요	130
믿음으로 살아갈 수 있는 힘을 달라고 기도해요	132
지혜를 달라고 기도해요	134
걱정 대신 기도해요	136
가까운 사람들에게 예수님을 전할 수 있도록 기도해요	138
하나님의 힘을 믿고 기도해요	140
기도 시간을 정해놔요	142
포기하지 않고 계속 기도해요	145

1

하나님은 우리와 대화하길 원하세요

기도로 하나님과 대화해요

우리는 가족이나 친구들과 서로의 고민을 나누며 함께 살아갑니다.
이와 같이 하나님과도 우리의 고민을 나누며 함께 살 수 있지요.
하나님은 우리 눈에 보이지 않지만
기도로 하나님과 이야기를 나눌 수 있으니까요.

주는 의로운 사람에게 눈을 돌리시고 그들의 기도에
귀를 기울이시지만 악을 행하는 자들은 대적하신다.
베드로전서 3장 12절

이렇게 기도해요

하나님, 저와 대화하길 원하시니 감사합니다.

우리가 기도할 때 하나님은 듣고 계세요

우리가 소리를 내어 기도하든지
마음으로 기도하든지
하나님은 들으실 수 있어요.
큰 소리든 작은 소리든
기도는 하나님께 집중하는 데
도움이 됩니다.

하나님은 자녀인 우리가 드리는 모든 기도를
들으시겠다고 약속해주셨어요.

여호와께서 내 기도를 듣고 응답하시니
내가 그를 사랑하게 되는구나.
시편 116편 1절

이렇게 기도해요

저의 기도를 들으시는
주님을 사랑합니다.

사람들에게 이야기하는 것처럼 하나님께 이야기할 수 있어요

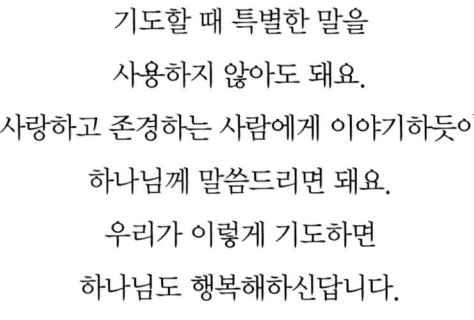

AMEN

기도할 때 특별한 말을
사용하지 않아도 돼요.
사랑하고 존경하는 사람에게 이야기하듯이
하나님께 말씀드리면 돼요.
우리가 이렇게 기도하면
하나님도 행복해하신답니다.

기도를 마칠 때 사용하는 특별한 말, '아멘'이 있어요.
'아멘'은 하나님께서 우리의 기도를 들으시고
가장 좋은 방법으로 응답하실 거라는
우리의 믿음을 보여주기 위한 말이에요.
또 다른 사람이 기도할 때 나도 그렇게 생각한다는 뜻으로
'아멘'이라고 말합니다.

너희는 기도할 때 이방인들처럼 쓸데없는 말을
되풀이하지 말아라. 그들은 말을 많이 해야 하나님이
들어주실 것으로 생각한다. 너희는 그들을 본받지 말아라.
너희 아버지께서는 너희가 구하기 전에
너희에게 필요한 것이 무엇인지 다 알고 계신다.
마태복음 6장 7-8절

이렇게 기도해요

하나님, 친구나 가족과 이야기하듯
하나님과 이야기할 수 있어서 정말 좋아요.

몸으로 기도할 수 있어요

기도할 때 눈을 꼭 감고 기도하거나 눈을 뜬 채로 할 수 있어요.
눈을 감고 기도하는 것은 하나님께 집중하는 데 도움을 줍니다.
두 손을 모으거나 손을 들어 기도할 수 있고,
사람들과 손잡고 기도할 수도 있습니다.

고개를 숙이며 기도하거나 하늘을 바라보며 기도할 수도 있어요.
서서 기도해도 되고 바닥에 무릎을 꿇고 기도해도 돼요.
의자에 앉아서도 가능하지요.
기도를 할 때 우리의 생각과 마음이 하나님을 간절히 원하고
사랑하고 있는지가 가장 중요합니다.

내가 일평생 주께 감사하며
주의 이름으로 손을 들고 기도하겠습니다.
시편 63편 4절

질문해보아요

하나님께 기도를 드릴 때 집중할 수 있으려면
어떤 모습으로 기도하는 게 좋을까요?

어디서나 기도할 수 있어요

우리는 다른 사람들과 함께
기도할 수도 있고 혼자 기도할 수도 있어요.
책상 앞에 앉아서도 할 수 있고
자동차 안에서도 할 수 있지요.
양치를 하면서 기도할 수도 있고
이부자리를 정리하면서 기도할 수도 있어요.
사람이 많은 곳에서 기도할 수도 있고
혼자 있을 때 기도할 수도 있어요.

하나님은 우리가 남들 모르게
하나님께 이야기하는 것을 좋아하세요.
다른 사람들의 관심을 받고 싶어서 기도하는
것은 좋아하지 않으세요.

그러나 너는 기도할 때 골방에 들어가 문을 닫고
보이지 않는 데 계시는 네 아버지께 기도하여라.
그러면 은밀히 보시는 네 아버지께서 갚아주실 것이다.

마태복음 6장 6절

이렇게 기도해요

하나님, 어디에 있든지
하나님과 이야기를 나눌 수 있어서 행복해요.

어떤 것이든 기도할 수 있어요

하나님은 우리와 어떤 것이든
이야기를 나누기 원하십니다.
무엇이 두렵고, 어떤 순간 행복한지
하나님은 우리의 모든 이야기를
듣고 싶어 하십니다.

하나님은 우리가 필요한 것들을 기도로 구하고,
이제까지 하나님께서 돌봐주신 것들에 감사하기를 원하세요.
하나님께는 응답하시지 못할 만큼 큰 기도도 없고,
기도할 필요가 없는 작은 기도도 없어요.

아무것도 염려하지 말고
모든 일에 기도와 간구로
여러분이 필요로 하는 것을 감사하는 마음으로
하나님께 말씀드리십시오.
빌립보서 4장 6절

질문해보아요

하나님과 나누고 싶은 이야기는
무엇인가요?

하나님은 우리의 아버지시며 자녀의 기도를 듣길 원하시는 분이에요

우리는 하나님을
아버지라 부르면서 기도해요.
성경에는 하나님을 '아바'라
부른다고 하는데, 이 말은 하나님이
우리의 아빠가 되어주신다는 뜻이에요.
하나님은 자녀를 사랑하는
좋은 아빠세요.
우리가 아프면 하나님도
같이 아파하시지요.
우리가 하나님께 도와달라고 하면
하나님은 귀 기울여 들으십니다.

하나님은 좋은 아버지이시므로
가끔 우리의 기도에 "안 돼"라고 하세요.
그 기도를 들어주시면 결국 우리에게
좋지 않을 것을 아시기 때문이에요.

여러분이 아들이기 때문에 하나님은
성령을 우리 마음 가운데 보내셔서
나의 아버지라고 부르게 하셨습니다.
갈라디아서 4장 6절

질문해보아요

하나님 아버지께서 여러분에게
주신 선물은 무엇인가요?

하나님이 우리의 기도를 기쁘게 받으시는 이유는 예수님 때문이에요

예수님은 죄가 없으신 하나님의 하나뿐인 아들이에요.
하지만 우리의 죄를 대신해서 십자가에서 벌을 받으셨어요.
한때 하나님과 우리 사이를 갈라놓았던
죄에 대한 벌을 예수님이 받으셨기에
하나님은 우리의 기도를 들으실 수 있어요.

예수님은 지금 천국에서 하나님 바로 오른편에 앉아서
우리를 위해 기도하고 계세요!
하나님 아버지께 우리의 필요를 알려주시며,
우리를 받아주시고 돌봐달라고 구하고 계십니다.

> 누가 우리를 죄인으로 단정하겠습니까?
> 그리스도 예수님은 죽었다가 다시 살아나셔서
> 하나님의 오른편에서 항상 우리를 위해
> 기도해주십니다.
> 로마서 8장 34절

이렇게 기도해요

하나님께서는 우리를 대신해서 예수님을 십자가에 못박게 하시고 죄의 대가를 받게 하셨어요. 이로써 우리의 기도를 들어주시는 아버지 감사해요.

우리 기도를 도우시는 성령님

무엇을 위해 기도해야 할지 모를 때는 성령님께 도와달라고 하면 돼요.
그러면 성령님은 우리가 성경 말씀을 이해할 수 있게 도와주시고,
하나님이 원하시는 것이 무엇인지 깨닫게 해주십니다.
우리가 하나님 앞에 말씀드려야 할 죄도 알려주시고 우리가 바꿔야 할
행동이나 생각, 말도 알게 해주시지요. 우리는 기도하는 것을 깜빡하거나
기도하다 잠들기도 하지만 성령님은 우리를 잊지도, 잠들지도 않으세요.
성령님은 지금도 우리를 위해 기도하고 계신답니다.

성령님도 우리의 연약함을 도와주십니다.
우리가 어떻게 기도해야 될지 모를 때
성령님이 말할 수 없는 탄식으로 우리를 위해
기도해주십니다.
로마서 8장 26절

이렇게 기도해요

하나님 아버지, 무엇을 위해 기도해야할지 모를 때
저를 도우시는 성령님이 계셔서 감사해요.

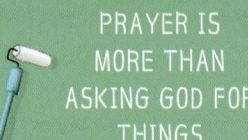

PRAYER IS
MORE THAN
ASKING GOD FOR
THINGS

② 필요한 것을 구하는 것만이 기도의 전부가 아니에요

하나님이 필요하다고 기도해요

하나님은 우리가 하나님이 필요하다고 할 때 귀 기울이세요.
하나님은 우리가 죄를 고백할 때 귀를 기울이세요.
용서해달라고 기도할 때 하나님은 용서해주세요.
또 성령님을 통해 우리가 예수님 닮은 삶을
살아갈 수 있게 하세요.
영원히 하나님과 함께할 수 있는
새로운 삶을 시작하게 되는 것이지요.

그러므로 누구든지 그리스도 안에 있으면
새로운 존재입니다.
옛 사람은 없어지고 새 사람이 된 것입니다.
고린도후서 5장 17절

이렇게 기도해요

하나님 아버지,
이제까지 잘못한 것들을
용서해주세요.
예수님 안에서
새로운 삶을 살 수 있게
해주세요. 저는 하나님이
필요해요!

I NEED YOU

하나님 그분 자체를 찬양해요

새로운 삶을 살면 하나님이 찬양을 받으실 만한 분이라는 걸 알게 돼요.
그래서 하나님을 찬양하고 싶어지지요!
하나님은 우리의 찬양을 받고 싶어 하세요.
성경 말씀은 찬양받으시기에 충분한 하나님의 모든 것을 알 수 있게 해줍니다.

내가 항상 여호와께 감사하며
그를 찬양하는 일을 계속하리라.
시편 34편 1절

이렇게 기도해요

저를 위해 세상을 이처럼 아름답게 지으신
창조주 하나님을 찬양해요!
죄를 고백하면 용서해주시고 구원해주시는 하나님을 찬양해요!
언제나 올바른 일을 행하시는 하나님을 찬양해요!

하나님께서 베풀어주신 것들에 감사해요

하나님과 함께 새로운 삶을 시작하면
하나님께서 우리를 위해 어떻게 일해 오셨는지,
어떤 선물을 베풀어주셨는지 알 수 있게 돼요.
하나님은 우리에게 기쁨과 평안, 희망을 넘치도록 주시는 분이에요.
우리에게 필요한 모든 것들을 공급해주시는 분이죠.
이것을 알고 나면 하나님께 저절로 감사하게 돼요!

하나님이 창조하신 것은 다 좋은 것이며
감사하는 마음으로 받으면 하나도 버릴 것이 없습니다.
디모데전서 4장 4절

이렇게 기도해요

하나님, 날마다 저를 보살펴주시는 부모님이 계셔서 감사해요. 하나님, 맛있는 음식을 주셔서 감사해요. 이 세상의 모든 좋은 것들은 하나님께서 주셨다는 걸 알아요. 그 중에서도 이 세상에 예수님을 보내주셔서 가장 감사해요. 예수님 때문에 하나님께 감사할 수 있는 길이 생겼어요.

잘못한 일들을 하나님께 고백해요

우리는 날마다 새로운 삶을 살고 있지만
여전히 죄를 짓기도 해요.
그때 하나님께 우리 죄를 숨김없이 말하고
용서해달라고 기도할 수 있어요.
성경에서는 이것을 회개라고 말하지요.
그러면 하나님은 우리를 용서해주세요.

하나님이 기뻐하시지 않을 만한 생각이나 행동을 했다면
하나님께 정직하게 이야기해요.
하나님은 모든 것을 이미 다 알고 계시니까요!

우리가 우리 죄를 고백하면
신실하시고 의로우신 하나님은 우리 죄를 용서하시고
모든 죄악에서 우리를 깨끗하게 하실 것입니다.
요한일서 1장 9절

이렇게 기도해요

하나님, 제가 갖지 못한 것을 가지고 있는 친구를
시샘하고 비교했던 것을 회개합니다. 용서해주세요.
하나님께서 저에게 주신 것들에 만족하며 살 수 있게 도와주세요.
하나님, 부모님께 순종하지 못했던 것을 회개합니다. 용서해주세요.
부모님께 순종하고 하나님께 기쁨이 되는 제가 되도록 도와주세요.

하나님께 필요한 것들을 간구해요

하나님은 우리가 구하기도 전에
우리에게 필요한 것들이 무엇인지 알고 계세요.
이미 다 아시지만 하나님은
우리가 직접 간구하길 원하시죠.
우리의 필요를 채우시는 하나님만을
우리가 의지하길 원하시기 때문이에요.

하나님은 우리가 하나님이 주신 약속을 붙잡고
기도하기를 원하세요.
또 우리가 다른 사람들을 위해 기도하길 원하세요.

그들이 나를 부르기도 전에 내가 대답할 것이며
그들이 말을 끝맺기도 전에
내가 그들의 기도에 응답할 것이다.
이사야 65장 24절

이렇게 기도해요

하나님, 오늘도 우리 가족에게 필요한 모든 것들을 공급해주세요.
하나님, 저의 마음을 아프게 했던 친구를 용서할 수 있게 도와주세요.
하나님, 하나님을 모르는 친구가 믿음을 가질 수 있게 도와주세요.
하나님, 몸이 아픈 친구가 다시 건강해질 수 있게 해주세요.

우리의 마음을 하나님께 이야기해요

하나님은 모든 순간을 우리와 함께하길 원하세요.
그래서 우리는 슬플 때든지 기쁠 때든지
언제나 하나님께 이야기할 수 있어요.
우리의 마음을 털어놓으면 하나님은 마음을 바꿔주시기도 해요!
두렵다고 말씀드리면 우리가 믿음을 가질 수 있게 도와주시지요.
또 하나님이 멀리 계신 것 같다고 말씀드리면
가까이 계시다는 것을 알 수 있게 해주세요.

내가 죽음의 음산한 계곡을 걸어가도
두려워하지 않을 것은 주께서 나와 함께하심이라.
주의 지팡이와 막대기가 나를 지키시니 내가 안심하리라.
시편 23편 4절

이렇게 기도해요

하나님, 하나님께는 숨김없이
모든 이야기를 털어놓을 수 있어 정말 좋아요.

GOD'S
PEOPLE
HAVE
ALWAYS
PRAYED

3

하나님의 사람들은 언제나 기도했어요

모세는 하나님의 영광을 보여달라고 기도했어요

모세는 이미 하나님을 잘 알고 있었는데도 하나님에 대해 더 알고 싶어 했어요. 그래서 이렇게 기도했어요.

주의 영광의 광채를 나에게 보여주소서! (출애굽기 33장 18절)

모세의 기도를 들으신 하나님은 그를 바위 뒤에 숨기시고 그 앞을 지나가시며 찬란하게 빛나는 하나님의 모습을 잠깐이나마 볼 수 있게 해주셨어요.
우리가 하나님의 영광을 보여달라고 간구하면
하나님은 우리에게 예수님을 바라보라고 하십니다.

말씀 되시는 그리스도께서 사람이 되어 우리 가운데 사셨다.
우리가 그분의 영광을 보니 하나님 아버지의 외아들의 영광이었고
은혜와 진리가 충만하였다.
요한복음 1장 14절

이렇게 기도해요

하나님, 예수님을 이 세상에 보내주셔서
하나님의 영광을 볼 수 있게 하시니 감사해요.

다윗은 깨끗한 마음을 달라고 기도했어요

다윗은 위대한 왕이었지만
나쁜 일도 저질렀어요.
그러나 다윗은 하나님을 사랑했기 때문에
하나님과 자신의 사이를
갈라놓는 죄를 미워했어요.
그래서 다윗은 이렇게 기도했어요.

하나님이시여, 주의 한결같은 사랑으로
나를 불쌍히 여기시며 주의 크신 자비로
내 죄의 얼룩을 지워주소서.
나의 모든 죄악을 씻어주시며
나를 죄에서 깨끗하게 하소서.

(시편 51편 1-2절)

우리도 마음속이 죄로 더러워졌다고 느껴질 때
다윗처럼 하나님을 부르며 우리의 마음을 깨끗하게 해달라고
기도드릴 수 있어요.

내가 내 죄를 고백하기로 결심하고
내 잘못과 죄를 숨김없이 다 털어놓았더니
주께서 나의 모든 죄를 용서해주셨습니다.

시편 32편 5절

이렇게 기도해요

하나님, 죄를 지어서 죄송해요.
다시는 같은 죄를 반복해서 짓지 않도록
제 마음을 깨끗이 씻어주세요.

솔로몬은 지혜를 달라고 기도했어요

솔로몬은
하나님이 바라시는 왕이 되려면
하나님의 도움이 필요하다는 것을
알고 있었어요.
그래서 기도했어요.

그러므로 주의 백성들을 잘 다스리고
선과 악을 분별할 수 있는
지혜로운 마음을 나에게 주소서.
그렇지 않으면 내가 어떻게 이처럼
많은 주의 백성을 다스릴 수 있겠습니까?

(열왕기상 3장 9절)

솔로몬은 오직 하나님만이 지혜를 주실 수 있다는 것을 알고
하나님께 지혜를 구했어요.
하나님은 솔로몬의 기도를 듣고 아주 기뻐하셨지요!
우리도 무엇이 옳고 무엇이 잘못된 것인지 알려면 도움이 필요해요.
하나님께 지혜를 달라고 기도해보세요.
그러면 하나님을 기쁘시게 해드리는 것이 무엇인지
알 수 있는 지혜를 주실 거예요.

여러분 가운데 누구든지
지혜가 부족한 사람은 하나님께 기도하십시오.
그러면 꾸짖지 않고 모든 사람에게 후하게 주시는
하나님께서 주실 것입니다.
야고보서 1장 5절

이렇게 기도해요

하나님, 옳은 것과 잘못된 것이 무엇인지
알 수 있는 지혜를 주세요.

이사야는 하나님께 자신을 바쳤어요

이사야가 살던 시대는 하나님의 백성들도
하나님을 사랑하지 않았어요.
그들은 하나님께 등을 돌렸어요.
그런데도 하나님은 그들을 여전히 사랑하셨어요.
어느 날 하나님은 이사야에게 물어보셨어요.
"내 백성들에게 들려주고 싶은 말이 있는데
누구를 보내야 할까?"

그러자 이사야가 기도했어요.

내가 가겠습니다. 나를 보내소서.

(이사야 6장 8절)

이사야는 하나님의 백성들이
하나님께 돌아오도록 외치는 일에 자신의 삶을 드렸어요.
우리도 하나님의 백성들을 부르시는 일에 우리를 드릴 수 있어요.

그러므로 우리는 그리스도의 전권 대사입니다.
하나님은 우리를 통해 여러분에게 말씀하고 계시는 것입니다.
우리가 그리스도를 대신하여 여러분에게 간청합니다.
여러분은 하나님과 화해하십시오.

고린도후서 5장 20절

이렇게 기도해요

하나님, 제가 여기 있습니다!
하나님의 백성을 부르시는 일에 저를 사용해주세요.

마리아는 하나님의 뜻을 기쁘게 받아들였어요

천사가 마리아에게 나타나 하나님께서 약속하셨던 구주가
마리아의 몸을 통해 태어나실 거라고 말했어요.
마리아는 이 말을 듣고 기도했어요.

저는 주의 종입니다. 말씀하신 대로 되기를 바랍니다. (누가복음 1장 38절)

마리아는 하나님이 원하시는 일이라면 무엇이든 받아들였어요.
하나님이 선한 분임을 알았기 때문이에요.
우리도 하나님의 계획을 우리 삶에서 이루어달라고 기도할 수 있어요.

하나님을 사랑하고 그분의 계획대로 부르심을 받은 사람들에게는
결국 모든 일이 유익하게 된다는 것을 우리는 알고 있습니다.
로마서 8장 28절

이렇게 기도해요

선하신 하나님, 저는 하나님께 속해 있어요.
하나님께서 하라고 하시는 일이라면 무엇이든지 할래요.

바울은 하나님께 고통을 없애달라고 기도했어요

바울은 살면서 힘든 일을 많이 겪었어요.
사람들은 바울이 복음을 전한다는 이유로
그를 마구 때리고 돌을 던졌어요.
게다가 바울에게는 견디기 힘든
몸의 고통이 있었어요.
바울은 하나님께 이 고통을
가져가달라고 간구했어요.
하지만 예수님은 바울의 고통을
없애주시는 대신,
그 약점을 가지고 사는 데 필요한
모든 것을 채워주시겠다고
약속하셨어요.

내 은혜가 너에게 충분하다. 내 능력은 약한 데서 완전해진다.

(고린도후서 12장 9절)

종종 우리는 하나님께 우리 자신
혹은 가족의 아픔을 고쳐달라고 기도하지요?
그런데도 하나님께서 그 아픔을 없애주시지 않았다면
그 아픔을 견딜 수 있는 은혜를 주신 거라고 믿으면 돼요.

그리스도께서는 신적인 능력으로
생명과 경건에 관한 모든 것을
우리에게 주셨습니다.

베드로후서 1장 3절

이렇게 기도해요

하나님, 제가 힘든 일들을 견뎌낼 수 있도록
은혜를 항상 공급해주실 거라 믿어요.

4

시편 말씀으로 기도할 수 있어요

시편으로 하나님께 기도해요

성경을 읽는 것은 하나님의 목소리를 듣는 것과 같아요.
하나님은 우리가 하나님과 이야기할 때 사용할 수 있도록
시편 말씀을 주셨어요. 우리는 시편에 나와 있는 말씀을 가지고
기도하며 찬양할 수 있어요.
시편은 우리가 느끼는 두려움 같은 감정들을
하나님께 솔직하게 이야기할 수 있다는 것을 보여줘요.
또 우리가 하나님과 멀어지더라도
다시 하나님께 돌아와 믿음을 가질 수 있도록 도와줘요.
하나님이 우리를 돌보시는 분이라는 확신을 가득 채워주기도 하지요.

낮에는 여호와께서 나에게 한결같은 사랑을 베푸시니
밤에는 내가 그에게 찬송하고
내 생명의 하나님께 기도하리라.
시편 42편 8절

이렇게 기도해요

주님을 찬양하기 원합니다.
시편의 말씀으로 기도하는 방법을 가르쳐주세요.

시편은 하나님을 신뢰할 수 있게 도와줘요

삐걱 삐걱

누구나 가끔씩 두려운 마음이 들어요.
그럴 때 우리는 시편 말씀으로
기도할 수 있어요.
시편을 읽으면 우리를 지키시는
하나님이 강한 분이라는 걸
알 수 있어요.

우리가 하나님이 행하신 일을 듣기만 했는데
이제는 우리가 전능하신 여호와, 우리 하나님의 성에서 그것을 보았다.
하나님이 이 성을 영원히 안전하게 하시리라.

시편 48편 8절

내가 두려울 때 주를 신뢰하겠습니다.

시편 56편 3절

나는 항상 여호와를 내 앞에 모셨다.
그가 내 오른편에 계시므로 내가 흔들리지 않을 것이다.

시편 16편 8절

이렇게 기도해요

주님만이 저를 지키시는 분입니다.
두려울 때 주님을 믿고 의지하겠습니다.

시편은 하나님께 도움을 구하는 방법을 가르쳐줘요

하나님은 강하십니다. 하나님은 자녀들을 돕고 싶어 하세요. 시편은 우리가 하나님께 도움을 구할 수 있으며 하나님이 우리 기도에 응답하실 거라는 확신을 갖도록 해줍니다.

내가 눈을 들어 산을 바라보리라.
나의 도움은 어디서 오는가?
나의 도움이 천지를 만드신 여호와에게서 오는구나.
그가 너를 넘어지지 않게 하실 것이니
너를 지키는 분이 졸지 않으시리라.

여호와께서 너를 모든 위험에서 보호하시고
네 생명을 안전하게 지키시리라.
네가 어디를 가든지 그가 너를 지키실 것이니
지금부터 영원히 지키시리라.

시편 121편 1-3, 7-8절

이렇게 기도해요

저를 도우시는 분은 주님뿐이에요.
주님이 언제나 저를 돌보아주심을 믿어요.

시편은 하나님을 기뻐할 수 있게 도와줘요

행복해지려면 이 세상에서
그 조건을 찾아야 한다는 생각이
유혹처럼 찾아올 때가 있어요.
하지만 우리에게 영원한 행복을
줄 수 있는 건 하나님밖에 없어요.
시편 말씀으로 기도하면
하나님만이 우리의 참된 신이라는
기쁨을 누릴 수 있어요.

여호와는 나의 주시므로 주를 떠나서는
내가 아무것도 좋은 것을 가질 수 없다고 주께 말하였습니다.

나를 인도하시는 여호와를 찬양하리라.
밤에도 내 마음이 나를 가르치는구나.
나는 항상 여호와를 내 앞에 모셨다.
그가 내 오른편에 계시므로 내가 흔들리지 않을 것이다.
그래서 내 마음이 기쁘고 내 영혼이 즐거우며 내 육체도 안전할 것이다.

주께서 생명의 길을 나에게 알려주셨으니
주가 계신 곳에는 기쁨이 충만하고 영원한 즐거움이 있을 것이다!
시편 16편 2,7-9,11절

이렇게 기도해요

주님, 제가 누리는 모든 좋은 것들은 주님이 주신 것입니다.
주님을 기뻐합니다.

시편은 하나님을 사랑할 수 있게 도와줘요

우리가 누군가에게 사랑한다고 말하면
사랑하는 마음이 우리 안에 더 커지는 것을 느껴요.
하나님도 똑같아요.
시편에는 우리가 얼마나 하나님을 사랑하는지
그 마음을 표현할 수 있는 구절들이 나와 있어요.
이 구절을 가지고 기도하면
하나님을 사랑하는 마음이 더 커질 거예요.

나의 힘이 되신 여호와여, 내가 주를 사랑합니다.
여호와는 나의 반석, 나의 요새, 나의 구원자이시며
내 하나님은 내가 피할 바위이시요 내 방패가 되시고
내 구원의 힘이시요 나의 피난처이시다.
내가 여호와께 부르짖으면 그가 나를 원수들에게서 구원하시니
여호와는 찬양을 받으실 분이시다.

시편 18편 1-3절

이렇게 기도해요

주님 사랑해요.
평생 온 마음 다해
주님을 사랑하고 싶어요.

시편은 하나님을 찬양할 수 있게 도와줘요

하나님은 우리의 찬양을 받으시기에 합당한 위대한 분이에요.
그런데도 우리는 찬양을 자주 하지 않아요.
시편은 하나님을 위대하심을 찬양하도록 도와줘요.

> 내 영혼아, 여호와를 찬양하라!
> 내 속에 있는 것들아, 다 그의 거룩한 이름을 찬양하라.
> 내 영혼아, 여호와를 찬양하며 그의 모든 은혜를 잊지 말아라.
> 그가 너의 모든 죄를 용서하시며 너의 모든 병을 고치고
> 네 생명을 파멸에서 구하시며 너에게 풍성한 사랑과 자비를 베풀고
> 네 삶을 좋은 것으로 만족하게 하셔서
> 네 젊음을 독수리처럼 새롭게 하신다.
> 시편 103편 1-5절

이렇게 기도해요

주님, 온 맘 다해 주님을 찬양하고 싶어요.
주님의 위대하심이 온 세상에 넘쳐흘러요!

시편은 하나님께 감사할 수 있게 도와줘요

우리가 누리는 모든 좋은 것들은 하나님께서 주신 것들이에요.
그러니 우리가 하나님께 감사를 드리는 게 마땅해요!
시편은 하나님께서 우리에게 베풀어주신 것들을 생각나게 해줘요.
하나님께서 우리에게 해주신 모든 것에 대해
어떻게 감사를 드려야 할지 알려줘요.

하나님이시여, 우리가 주께 감사하고 감사하는 것은
주께서 행하신 놀라운 일이
주가 우리와 가까이 계심을 선포하기 때문입니다.

시편 75편 1절

여호와여, 주께서 나에게 응답하시고 나를 구원하셨으므로
내가 주께 감사하겠습니다.

시편 118편 21절

내가 이처럼 놀랍고 신기하게 만들어졌으니 주를 찬양합니다.
주의 솜씨가 얼마나 훌륭한지 나는 잘 알고 있습니다.

시편 139편 14절

하나님이시여, 주는 내가 약속한 말을 들으시고
주의 이름을 두려워하는 자들을 위해 마련하신 축복을 나에게 주셨습니다.

시편 61편 5절

시편은 우리에게 가장 필요한 것이 무엇인지 가르쳐줘요

우리는 무엇을 위해 기도해야 할지
이미 안다고 생각해요.
하지만 우리가 구하는 것들이
우리에게 꼭 필요한 게
아닐 수도 있어요.
시편은 우리로 하여금
하나님이 우리에게
주실 수 있는 최고의 것을
구할 수 있도록 도와줘요.

여호와여, 주의 뜻을 나에게 보이시고
주의 길을 나에게 가르치소서.
주의 진리로 나를 인도하시고 가르치소서.
주는 내 구원의 하나님이시므로 내가 하루 종일 주만 바라봅니다.

시편 25편 4-5절

내가 여호와께 간청한 한 가지 일을 구하리니
내가 평생 여호와의 집에서 살며 그의 아름다움을 바라보고
성전에서 그를 묵상하는 일이다.

시편 27편 4절

여호와여, 주의 길을 나에게 가르치소서.
내가 주의 진리 가운데 걸어가겠습니다.
나에게 한결같은 마음을 주셔서
내가 주의 이름을 두려워하게 하소서.

시편 86편 11절

이렇게 기도해요

주님, 저는 주님이 가장 필요해요!
주님을 위해 어떻게 살아야 하는지 가르쳐주세요.

시편은 하나님께 소망을 갖도록 도와줘요

살다보면 힘들 때가 있어요.
힘든 일이 생기면 과연 하나님이
나의 기도를 정말로 듣고 계시는지
하나님만 의지하며 살아도 되는지
궁금해져요.
그때 시편을 읽으면
우리가 잠깐 잊고 있던 사실을
기억하게 돼요.
그리고 다시 하나님을
신뢰할 수 있게 되지요.

내 영혼아, 어째서 네가 낙심하며 내 속에서 불안해하는가?
너는 네 희망을 하나님께 두어라.
나는 내 구원이 되시는 하나님을 찬양하리라.
내 하나님이시여, 내 영혼이 내 속에서 낙심하므로
요단강이 흐르고 헤르몬산과 미살산이 우뚝 선 이곳에서
내가 주를 기억합니다.

시편 42편 5-6절

우리가 희망을 가지고 여호와를 바라보는 것은
그가 우리의 도움이요 방패이기 때문이다.
우리 마음이 그 안에서 기뻐하는 것은
우리가 그의 거룩한 이름을 의지하기 때문이다.
여호와여, 우리가 주께 희망을 둔대로
주의 한결같은 사랑을 우리에게 베푸소서.

시편 33편 20-22절

이렇게 기도해요

주님, 마음이 힘들 때는
주님을 바라보며 소망을 가지겠습니다.

시편은 하나님의 말씀을 사랑할 수 있게 도와줘요

성경은 세상에 있는 그 어떤 책보다 중요한 책이에요.
하나님은 성경을 통해서 우리에게 말씀하시기 때문이에요.
우리는 성경을 읽어야 해요.
시편 19편에는 성경을 읽을 때
우리가 얻게 되는 좋은 것들이 무엇인지 기록되어 있어요.

여호와의 율법은 완전하여 영혼을 소생시키고
여호와의 증거는 확실하여 어리석은 자를 지혜롭게 하며
여호와의 교훈은 정확하여 마음을 기쁘게 하고
여호와의 계명은 순수하여 눈을 밝게 한다.
여호와를 두려운 마음으로 섬기는 일은 순수하므로 영원히 계속될 것이다.
여호와의 심판은 공정하고 의로우므로
순금보다 더 사모할 것이니
가장 순수한 꿀보다도 더 달다.

시편 19편 7-10절

이렇게 기도해요

주님의 말씀은 참되고 선합니다.
주님이 어떤 분인지, 우리가 어떻게 살아야 하는지를
성경을 통해서 가르쳐 주시니 감사합니다.

시편은 하나님의 선하심을 이해하는 데 도움이 돼요

하나님이 우리와 아주 멀리 떨어져 있는 분처럼
느껴질 때가 있어요.
시편 23편에는 하나님이 우리를
항상 돌보아주신다고 기록되어 있어요.
이것은 우리가 기뻐할 수 있는 이유가 되지요.

여호와는 나의 목자시니 내가 부족함이 없으리라.
그가 나를 푸른 풀밭에 쉬게 하시고
잔잔한 물가로 인도하시며
내 영혼을 소생시키시고
자기 이름을 위하여
나를 의로운 길로 인도하시는구나.
내가 죽음의 음산한 계곡을 걸어가도 두려워하지 않을 것은
주께서 나와 함께하심이라.
주의 지팡이와 막대기가 나를 지키시니 내가 안심하리라.

주께서 내 원수들이 보는 가운데 나를 위해 잔치를 베푸시고
나를 귀한 손님으로 맞아 주셨으니
내 잔이 넘치는구나.
주의 선하심과 한결같은 사랑이
평생에 나를 따를 것이니
내가 여호와의 집에서 영원히 살리라.

시편 23편

이렇게 기도해요

주님이 저를 돌보아주시니,
저는 지금부터 평생 동안 필요한 모든 것을
가진 것이나 다름없습니다!

시편은 하나님께서 우리를 아신다는 믿음을 갖게 해줘요

하나님이 우리의 모든 것을 알고 계신다고
믿으며 살아가는 일은 쉽지 않아요.
시편을 읽으면 하나님이 우리보다 우리를
더 잘 알고 계신다는 믿음을
가질 수 있게 도와줘요.
하나님은 우리가 태어나기도 전에 우리를 아셨고,
미래에 우리에게 무슨 일이 있을지도
알고 계세요.

여호와여, 주는 나를 살피셨으니
나에 관한 모든 것을 알고 계십니다.
주께서는 내가 앉고 일어서는 것을 아시며
멀리서도 내 생각을 꿰뚫어 보시고
내가 일하고 쉬는 것을 다 보고 계시며
나의 모든 행동을 잘 알고 계십니다.
여호와여, 주는 내가 말하기도 전에 내가 할 말을 다 아십니다.
주는 나를 사방에서 포위하시며 주의 손으로 나를 붙들고 계십니다.
이와 같은 주의 지식은 너무 깊어서 내가 이해할 수 없습니다.

주는 내 몸의 모든 기관을 만드시고
어머니의 태에서 나를 베 짜듯이 지으셨습니다.
내가 이처럼 놀랍고 신기하게 만들어졌으니
주를 찬양합니다.
주의 솜씨가 얼마나 훌륭한지 나는 잘 알고 있습니다.
내가 보이지 않는 어머니 태에서 만들어지고 있을 그 때에도
주는 내 형체를 보고 계셨습니다.
주는 내가 태어나기도 전에 나를 보셨으며
나를 위해 작정된 날이 하루도 시작되기 전에
그 모든 날이 주의 책에 기록되었습니다.

하나님이시여, 주의 생각은 나에게 정말 소중합니다.
어쩌면 주는 그렇게도 많은 생각을 하십니까?
내가 만일 그 수를 헤아린다면 해변의 모래알보다 더 많을 것입니다.
내가 깰 때에도 주는 여전히 나와 함께 계십니다.

시편 139편 1-6, 13-18절

이렇게 기도해요

주님, 저를 살피셔서
제 마음에
무슨 악한 행위가 있는지
알려주세요.
저를 주님의 길로 인도해주세요.

JESUS
TEACHES
US TO
PRAY

⑤ 기도를 가르쳐주시는 예수님

예수님은 기도를 사랑하셨어요

예수님은 하나님 아버지와 모든 것에 대해
이야기 나누는 것을 좋아하셨어요.
예수님은 이른 아침과 늦은 밤에 기도하셨어요.
혼자서 기도하셨고
때로는 다른 사람들과 함께 기도하셨어요.
광야에 나가 기도하셨고
산에 올라가 기도하셨어요.
식사 전뿐만 아니라
하루 종일 기도하셨어요.
예수님께 기도는 삶이었어요.

이른 새벽 예수님은 일어나
외딴 곳에 가서 기도하고 계셨다.

마가복음 1장 35절

이때 예수님은 기도하시려고 산으로 올라가서
밤새도록 하나님께 기도하셨다.

누가복음 6장 12절

예수님은 기도의 삶을 몸소 보여주셨어요.
우리가 기도하면 할수록
하나님께 모든 것을 말씀드리고 싶어질 거예요.

내가 아침에도 정오와 저녁에도
안타깝게 부르짖을 것이니
여호와께서 내 소리를 들으실 것이다.

시편 55편 17절

이렇게 기도해요

하나님 아버지, 하루의 시작과 끝을
하나님과 이야기하며 보내고 싶어요.

우리는 기도하는 법을 배워야 해요

기도는 배우지 않고도 저절로 할 수 있는 것이 아니에요.
우리는 기도하는 법을 배워야 해요.
기도의 가장 좋은 선생님은 우리의 예수님이세요.
예수님은 '주기도문'을 통해
우리에게 기도하는 법을 가르쳐주셨어요.

주기도문은 실제로 예수님이 하셨던 기도는 아니에요.
우리가 어떻게 기도해야 하는지,
무엇을 위해서 기도해야 하는지를
보여주시기 위한 기도문이지요.
주기도문은 우리가 무조건 기도를 길게 할 필요도 없고,
어려운 말을 사용할 필요도 없다는 것을 알려줘요.

그러므로 너희는 이렇게 기도하여라.
'하늘에 계신 우리 아버지,
아버지의 이름이 거룩히 여김을 받게 하시고
아버지의 나라가 속히 오게 하소서.
아버지의 뜻이 하늘에서 이루어진 것같이 땅에서도 이루어지게 하소서.
우리에게 날마다 필요한 양식을 주시고
우리가 우리에게 죄 지은 사람들을 용서해 준 것처럼
우리 죄를 용서해 주소서.
우리가 시험에 들지 않게 하시고 우리를 악에서 구해 주소서.
나라와 권세와 영광이 영원토록 아버지의 것입니다. 아멘.'
마태복음 6장 9-13절

이렇게 기도해요

하나님 아버지, 저는 기도를 배우고 있어요.
저에게 기도를 가르쳐주는 성경을 주셔서 감사해요.

예수님은 하늘에 계신 아버지께 기도하셨어요

예수님은 우리를 형제자매라 칭하시며
아버지 되신 하나님께 기도하라고 부르셨어요.

**하늘에 계신 우리 아버지,
아버지의 이름이 거룩히 여김을 받게 하시고** (마태복음 6장 9절)

하나님은 우리를 언제나 맞아주시고,
사랑하시며 응답해주시는 아버지입니다.
하나님은 하늘에 계시기 때문에 시간과 공간의 제약을 받지 않으세요.
하늘에서 온 세상을 다스리며 자녀들이 드리는 모든 기도를 다 듣고 계시죠.
하나님은 우리를 돕고 싶어 하시고 또 도우실 수 있는 분이에요.

하나님 아버지께서 우리에게 베푸신 사랑이 얼마나 큰지 한번
생각해보십시오. 그 큰 사랑으로 우리는 하나님의 자녀가 되었습니다.
그러나 세상이 우리를 몰라보는 것은
그들이 아버지를 알지 못하기 때문입니다.
요한일서 3장 1절

이렇게 기도해요

하늘에 계시는 아버지, 제가 하나님의 자녀라서 행복해요.

예수님은 하나님의 이름을 높이며 기도하셨어요

예수님이 가르쳐주신 기도를 보면 처음부터 우리가 원하는 것을
말씀드리는 대신, 하나님의 위대하심을 고백하는 기도를 먼저 해요.

하늘에 계신 우리 아버지, 아버지의 이름이 거룩히 여김을 받게 하시고

(마태복음 6장 9절)

거룩하시다는 것은 하나님은 평범한 분이 아니라는 말이에요.
하나님은 이 세상의 그 무엇보다, 그 누구보다 위대하세요.
하나님이 하시는 일은 항상 옳지요.
아버지의 이름이 거룩히 여김을 받게 해달라는 것은
하나님이 있는 그대로 드러나서 이 세상 모든 사람들이
하나님께 영광을 돌릴 수 있게 해달라는 뜻이에요.

영원한 왕이시며 죽지 않고 보이지 않는
오직 한 분이신 하나님께
길이길이 존귀와 영광을 돌립시다. 아멘.

디모데전서 1장 17절

예수님은 하나님의 나라가 오게 해달라고 기도하셨어요

하나님 아버지는 위대한 왕이세요.
또 선한 왕이세요.
하나님은 언젠가 이 땅에 왕으로
꼭 다시 오시겠다고 약속해주셨어요.

하나님이 다시 오시면 이 세상의 모든 잘못된 것들이 바르게 될 거예요.
하나님은 모든 것을 새롭게 해주실 거예요.
더 이상 악이나 고통과 죽음도 없을 거예요.
예수님은 이 세상 만물과 모든 사람들을 하나님이 오셔서
통치해달라는 기도를 가르쳐주셨어요.

아버지의 나라가 속히 오게 하소서.
마태복음 6장 10절

우리가 지금 하나님께 순종하면, 하나님의 나라가 우리에게 임합니다.
친구나 가족, 우리가 만나는 사람들에게
하나님이 얼마나 좋은 분인지를 전하고
그들 또한 하나님께 순종하기 시작하면,
하나님의 나라가 그 사람들에게도 임할 거예요.

이렇게 기도해요

하나님 아버지, 아버지의 나라가 이 땅에 곧 오길 소망해요!
모든 것을 새롭게 해주실 하나님이 빨리 오시면 좋겠어요!

예수님은 하나님의 뜻이 이루어지게 해달라고 기도하셨어요

하나님은 천국에서 그분의 뜻을 정확히 따르는 천사들에게 둘러싸여 계세요. 천국은 모든 것들이 하나님께서 원하시는 모습 그대로예요. 예수님은 천국의 모습이 땅에서도 이루어지게 해달라는 기도를 우리에게 가르쳐주셨어요.

아버지의 뜻이 하늘에서 이루어진 것같이
땅에서도 이루어지게 하소서.

마태복음 6장 10절

하나님의 뜻이 땅에서도 이루어지게 해달라는 기도는
우리가 원하는 것이 아니라 하나님께서 원하시는 것이
이루어지게 해달라는 기도예요!
이렇게 기도할 수 있는 이유는
우리와 이 세상을 향한 하나님의 계획이
가장 좋다는 것을 알기 때문이에요.

이렇게 기도해요

하나님, 아버지의 뜻이 하늘에서 이루어진 것같이
제 삶에서도 아버지의 뜻을 이루어주세요.

예수님은 필요한 것들을 하나님께 구하라고 가르쳐주셨어요

하나님은 자녀들을
잘 돌보아주시는
좋은 아버지입니다.
우리가 필요한 것들을 하나님께
이야기할 때 하나님은 기뻐하세요.
예수님은 날마다 필요한 것들을
하나님께 고백하라고
가르쳐주고 계세요.

> 우리에게 날마다
> 필요한 양식을 주시고
> 마태복음 6장 11절

우리가 살면서 필요한 모든 것들이
지금 당장 주어졌으면 좋겠다고 생각할 때가 있어요.
하지만 하나님은 우리가 오늘 필요한 것들을 구하기 위해
오늘 하나님을 의지하고, 내일이 되면 다시 또
하나님을 의지하기를 원하십니다.
우리를 돌보시는 하나님을 날마다 의지하길 원하시지요.

하나님은 여러분이 모든 일에 항상 풍족하여
선한 일을 많이 할 수 있도록
여러분에게 모든 은혜를 넘치게 주실 수 있습니다.
고린도후서 9장 8절

이렇게 기도해요

하나님 아버지, 오늘 저에게 필요한
모든 것들을 채워주세요.
그리고 내일도 같은 기도를 드릴 수 있어서 감사합니다.

죄를 용서해달라고 기도해요

우리는 매일 하나님을 기쁘게 해드리고 싶지만,
때론 잘못을 저지르기도 해요.
예수님은 그런 우리에게 하나님 앞에 나와
잘못을 털어놓으라고 알려주셨어요.

우리가 우리에게 죄 지은 사람들을 용서해준 것처럼
우리 죄를 용서해주소서.

마태복음 6장 12절

하나님 아버지는 정말 좋은 분이세요.
그래서 우리가 죄를 솔직하게 말하면 용서해주시고
하나님께 기쁨이 되는 삶을 살 수 있게 도와주세요.
우리가 하나님께 용서받았다는 것을 알게 되면 우리 또한
우리에게 상처 준 사람들을 용서할 수 있는 사람으로 바뀌게 되지요.

너희가 서서 기도할 때 어떤 사람과
서로 마음 상한 일이 있거든 용서해주어라.
그러면 하늘에 계신 너희 아버지께서도 너희 잘못을 용서해주실 것이다.

마가복음 11장 25절

이렇게 기도해요

하나님 아버지, 하나님께서 저의 죄를 용서해주신 것처럼
저도 다른 사람들의 잘못을 용서할 수 있게 도와주세요.

우리를 죄악으로부터 보호해달라고 기도해요

하나님 아버지는 우리를 도우시며
언제나 사랑하세요.
하지만 이 세상에는
또 다른 세력이 있어요.
예수님은 이들을 '사탄'이라고 하셨지요.
사탄은 호시탐탐
우리를 해치려고 해요.

사탄은 우리를 잘못된 길로 유혹해요.
행복해지려면 하나님을 버려야 한다고 거짓말을 하지요.
그래서 예수님은 우리에게 이 기도를 가르쳐주셨어요.

우리가 시험에 들지 않게 하시고
우리를 악에서 구해주소서.
마태복음 6장 13절

예수님은 우리가 사탄에게 유혹을 받을 때
"안 돼"라고 거부할 수 있는 능력을
구하라고 가르쳐주셨어요.

이렇게 기도해요

하나님 아버지, 제가 잘못된 길로 가고 싶은 마음이 들 때
마음을 돌이키고 끊을 수 있게 도와주세요.

예수님의 이름으로 기도해요

예수님은 하나님께 기도할 때
예수님의 이름으로 기도하라고 말씀하세요.

너희가 내 이름으로 무엇이든지
아버지께 구하면 내가 다 이루어주겠다.
이것은 아버지께서 아들을 통해
영광을 받으시도록 하기 위해서이다.
요한복음 14장 13절

예수님의 이름으로 기도한다는 것은
믿음으로 예수님과 하나되어
예수님의 기도를 우리가 한다는 의미예요.
그동안 착하게 살았으니까 기도에 응답해달라고 하는 게 아니에요.
이 땅에서 완벽하게 선한 삶을 사신 예수님께서
그에 따른 상을 우리에게 넘겨주셨기 때문에
우리가 그 예수님의 이름으로 기도할 때
하나님께서 들으시고 응답하신답니다.

그러므로 우리는 불쌍히 여기심을 받고 때를 따라 도우시는 은혜를 받기 위하여 담대하게 하나님의 보좌로 가까이 나아갑시다.

히브리서 4장 16절

이렇게 기도해요

저의 죄를 대신해서 십자가에서 죽으신 예수님의 완전한 선하심 때문에 하나님께서 제 기도를 듣고 계신다는 것을 믿습니다.

예수님의 말씀이 우리 안에 있으면
우리는 어떤 것이든 하나님께 구할 수 있어요

성경을 읽으면 하나님의 말씀이 우리 마음속에 들어와요.
하나님의 마음이 느껴지고 하나님의 뜻을 깨닫게 되면서
하나님께서 원하시는 삶을 살 수 있게 되지요.
하나님께서 우리에게 주시고자 하는 것들을
우리가 기도로 구하고 받으며 사는 거예요.

만일 너희가 내 안에 살면서
내 말을 지키면 무엇이든지 원하는 대로 구하라.
그러면 그대로 이루어질 것이다.

요한복음 15장 7절

우리가 하나님께서 성경을 통해 약속해주신 것을 구하면,
하나님은 그 기도를 반드시 들어주실 거예요!

이렇게 기도해요

하나님 아버지, 저는 성경을 읽는 게 좋아요.
하나님의 마음을 알고 따라가는 데 꼭 필요한
성경을 주셔서 감사해요.

예수님은 하나님의 뜻을 어떻게 구해야 하는지 보여주셨어요

예수님은 우리가 아주 힘든 상황에 처했을 때
어떻게 기도해야 하는지 알려주셨어요.
예수님은 십자가에 못박혀 돌아가시기 전날 밤,
이렇게 기도하셨어요.

아버지, 할 수만 있으면 이 고난의 잔을
내게서 거두어주십시오.
그러나 내 뜻대로 마시고
아버지의 뜻대로 하십시오.
마태복음 26장 39절

십자가의 고통스러운 죽음 말고
하나님의 백성들을 죄에서 구원하는 다른 방법이 있다면,
예수님은 그 방법을 택해달라고 하나님께 간절히 기도하셨어요.
하지만 예수님은 하나님의 방법이 옳다고 믿었고
하나님 아버지의 뜻을 구하며 순종했어요.

이렇게 기도해요

하나님 아버지, 저에게 최선의 것이
무엇인지 주님만 알고 계세요.
그래서 저에게 힘든 일이 있더라도
그 안에 하나님의 선한 뜻이 있을 줄 믿어요.

예수님은 하나님 아버지가 우리를 좋은 것으로 만족시켜주실 분이라고 믿었어요

부모는 자녀를 사랑하기 때문에 늘 좋은 것을 주고 싶어 해요.
하나님의 사랑은 그런 부모의 마음보다 훨씬 크시답니다.
하나님은 우리에게 늘 최고의 것을 주고 싶어 하세요.
그래서 예수님은 이렇게 말씀하셨어요.

> 악한 사람이라도 자기 자녀에게는 좋은 선물을 줄 줄 아는데
> 하물며 하늘에 계신 너희 아버지께서
> 구하는 사람에게 성령을 주시지 않겠느냐?
> 누가복음 11장 13절

하나님 아버지가 우리에게 주고 싶어 하시는
최고의 선물은 바로 '성령님'이에요.
성령님은 하나님께서 우리에게 주실 수 있는 최고의 선물이죠.
성령님은 우리 안에서 엄청난 일들을 행하세요.

그러나 성령님이 지배하는 생활에는
사랑과 기쁨과 평안과 인내와 친절과 선과 신실함과 온유와 절제의 열매가 맺힙니다.
이런 것을 막을 율법은 없는 것입니다.

갈라디아서 5장 22-23절

이렇게 기도해요

하나님 아버지, 성령님은 하나님께서 주시는 최고의 선물이에요.
성령님을 보내주셔서 감사해요.

하나님
어떻게
기도할까요?

6 같이 기도해요!

사람들을 축복해달라고 기도해요

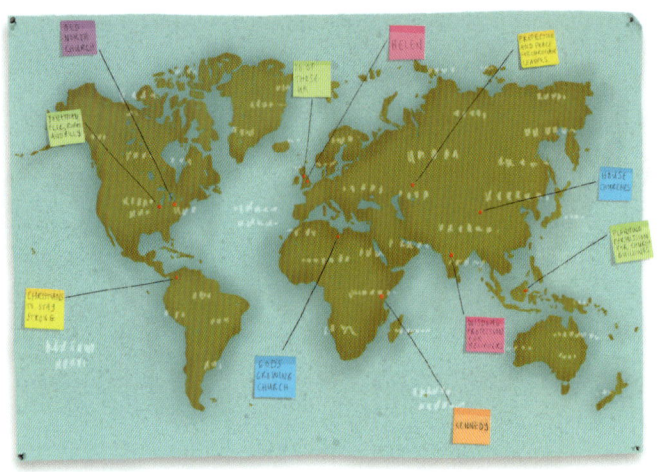

하나님은
사랑이 많으시고
능력이 크신 분이에요.
나의 가족과 친구들,
다른 사람들의 삶에서도
하나님이 역사하시도록
기도해요.

나는 무엇보다도 먼저 이것을 권합니다.
그대는 모든 사람을 위하여
하나님께 열심히 기도하며 감사하시오.
디모데전서 2장 1절

예수님을 사랑하는 사람들이
예수님을 더 많이 사랑할 수 있게 해달라고 기도해요.

예수님을 모르는 사람들이
하나님을 알게 해달라고 기도해요.

직장에서 하나님을 섬기는 사람들이 하나님이 기뻐하시는 방법으로
일할 수 있게 해달라고 기도해요.

선교지에서 예수님을 섬기는 사람들을 위해 기도해요.
그곳에서 복음이 분명히 전해지게 해달라고 기도해요.

선생님과 지도자들에게
하나님의 지혜를 달라고 기도해요.

우리 가족과 친구들에게 필요한 모든 것들을
채워달라고 기도해요.

우리를 싫어하는 사람들과 기분 나쁘게 했던 사람들마저도
축복해달라고 기도해요.

질문해보아요

예수님을 더 사랑하게 해달라고 기도해줘야 할 사람은 누구인가요?

예수님을 알게 해달라고 기도해줘야 할 사람은 누구인가요?

직장에서 예수님을 잘 섬기게 해달라고 기도해줘야 할 사람은 누구인가요?

선교지에서 예수님을 섬기고 있는 사람 중 누구를 위해 기도하고 싶나요?

어떤 선생님 또는 어떤 지도자를 위해 기도하고 싶나요?

가족이나 친구 중에서 누구를 위해 기도하고 싶나요?

나에게 불친절하게 대해왔던 사람 중에서 누구를 축복해주고 싶나요?

아픈 사람들을 위해 기도해요

하나님은 치유자예요.
하나님은 우리의 몸을 만드셨고 또 치유하실 수 있어요.
사랑하는 가족이나 친구가 아플 땐,
하나님께 낫게 해달라고 기도해야 해요.

> 여러분 가운데 고난당하는 사람이 있습니까?
> 기도하십시오.
> 기뻐하는 사람이 있습니까?
> 찬송하십시오.
> 여러분 가운데 병든 사람이 있으면 교회 장로님들을 불러
> 주님의 이름으로 기름을 바르며 기도하게 하십시오.
>
> 야고보서 5장 13-14절

우리가 아픈 사람들을 위해 기도하면 하나님이 치유하시기도 하지만,
그렇지 않고 천국으로 떠나보내야 할 때도 있어요.
그 사람들에 대한 하나님의 응답은
그들이 천국으로 와서 하나님의 품 안에 쉬는 것이에요.

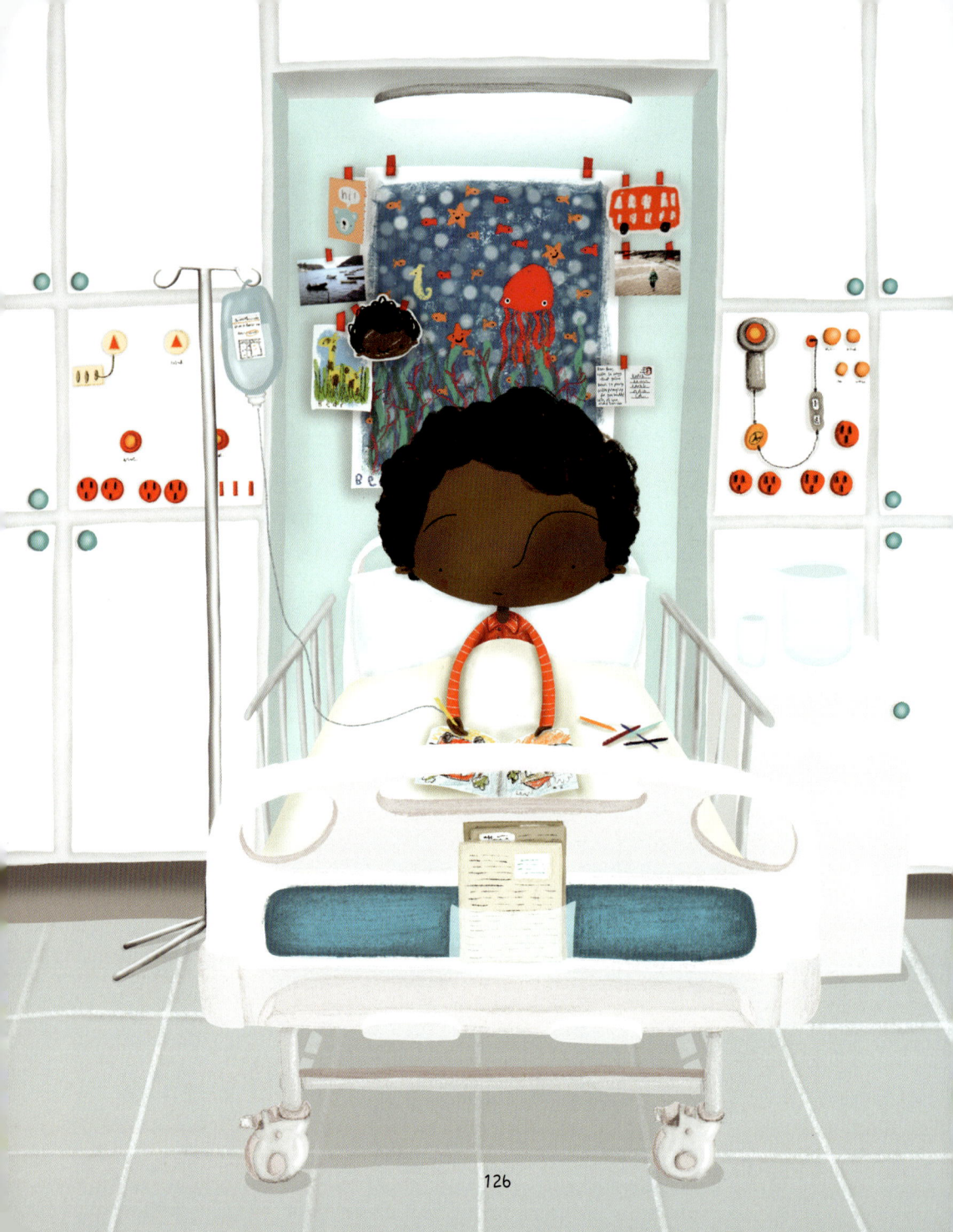

죽는 건 슬프지만 이상한 일은 아니에요.
예수님도 이 땅에서 살다가 죽으셨다는 것을 우리가 기억한다면,
우리 또한 세상을 떠난다 해도 예수님 곁에서
행복하고 안전하게 살게 될 거라고 확신할 수 있어요.

우리가 확신하고 원하는 것은
차라리 몸을 떠나 주님과 함께 사는 그것입니다.
고린도후서 5장 8절

가족과 친구 등 가까운 사람의 죽음으로
슬퍼하는 사람이 주변에 있다면,
하나님께서 그 사람에게 찾아가달라고,
그 사람을 위로해달라고 기도해요.

질문해보아요

기도해줘야 할 아픈 사람이 있나요?
사랑하는 누군가가 세상을 떠나 슬퍼하는 사람이 있나요?
그 사람들을 위해 기도해요.

필요한 것들을 채워달라고 기도해요

모든 사람에게는 도움이 필요해요.
우리에게 필요한 것들을 채워달라고 기도할 때
하나님은 기뻐하세요!
우리가 점점 예수님을 닮아가도록 하나님은 도우실 수 있어요.
하나님이 우리를 사랑하시듯 우리도 다른 사람을
사랑하도록 도우실 수 있어요.
하나님은 또 우리가 성경 말씀을 잘 이해하도록
도우실 수 있어요.

하나님을 찾는 자들아, 용기를 가져라.
시편 69편 32절

우리는 가끔 사람들에게 도움을 청할 때가 있어요.
하지만 그 사람에게 도와주고 싶은 마음이 없거나
그의 몸과 마음이 지쳐서 우리에게 도움을 못줄 수도 있지요.
하지만 하나님은 언제나 우리를 도와주고 싶어 하세요.
또 우리가 아무리 자주 도와달라고 해도 절대 지치지 않으세요.
그러니 도움이 필요할 땐 언제든지 하나님께 구해요!

예수님을 닮아가게 해달라고 기도해요

우리가 죄에서 돌이켜 예수님을 따르면,
하나님은 우리 내면을 바꾸기 시작하셔서
우리로 하여금 그분을 닮아가게 하세요.
이런 변화는 하루나 일주일,
심지어 1년 안에 끝나는 게 아니에요.
평생 동안 일어나는 일이에요.

사는 모든 날 동안 예수님을 사랑하며 따라가고
예수님을 닮아갈 수 있게 해달라고 기도해요.

나는 여러분의 사랑이
지식과 깊은 통찰력으로 점점 풍성하여
빌립보서 1장 9절

우리가 예수님을 닮아가기 위해,
앞으로도 계속 예수님을 신뢰할 수 있는
새로운 계기들을 달라고 기도해요.
더 나아가 하나님에 대해 계속 배우고 더 사랑할 수 있도록
계속 성경을 읽고 공부하는 것도 필요해요.

이렇게 기도해요

하나님 아버지, 저는 예수님을 닮고 싶어요.
키가 커지는 만큼 예수님을 아는 지식과 사랑,
헌신도 함께 커질 수 있게 도와주세요.

믿음으로 살아갈 수 있는 힘을 달라고 기도해요

예수님을 우리 마음에 모시면,
예수님께 기쁨을 드리며
살고 싶은 마음이 생겨요.
다른 사람들을 돕고 싶어지고
예수님과 예수님이 하신 말씀을
전하고 싶어지죠.
또한 힘들더라도 하나님께
순종하고 싶어져요.
하나님은 우리가 그런 마음을
행동으로 옮기는 데
필요한 힘을 주세요.

그리고 하나님의 영광스러운 힘을 통해 오는
모든 능력으로 여러분이 강해져서
모든 일을 기쁨으로 참고 견디며
골로새서 1장 11절

우리가 하나님의 영광을 나타내도록 힘을 구하면,
내가 갖고 싶은 것들을 다 갖지 못해도
만족할 수 있는 마음을 주실 거예요.
사랑하기 힘든 사람들도 사랑할 수 있는 힘을 주실 거예요.
그만두는 게 더 쉬운 상황에서도
옳은 일을 계속해나갈 힘을 주실 거예요.
그러니 하나님께 힘을 달라고 기도해요!

질문해보아요

오늘 하나님께 도와달라고
기도할 내용은 무엇인가요?

지혜를 달라고 기도해요

살다 보면 선택을 해야 하는
순간이 자주 찾아와요.
가끔은 어떤 선택이 옳은 것인지
헷갈릴 때가 있어요.
그럴 때 하나님께
지혜를 구해야 해요.
하나님은 우리가 지혜를 구하면
주시겠다고 약속하셨어요.

여러분 가운데 누구든지 지혜가 부족한 사람은
하나님께 기도하십시오.
그러면 꾸짖지 않고 모든 사람에게 후하게 주시는
하나님께서 주실 것입니다.

야고보서 1장 5절

나이가 들어 지혜로워질 때까지 기다릴 필요가 없어요.
하나님은 지혜를 구하는 우리에게 무엇을 해야 하는지
알 수 있는 지혜를 주실 거예요.

우리는 하나님이 모든 영적인 지혜와 총명으로
여러분에게 그의 뜻을 아는 지식으로 채워주시기를 기도합니다.

골로새서 1장 9절

이렇게 기도해요

하나님 아버지, 키만 커지는 게 아니라 지혜도 커졌으면 좋겠어요.
예수님처럼 지혜가 커질 수 있게 도와주세요.

걱정 대신 기도해요

때로 우리는 문제에 대해 계속 생각하고
나쁜 일이 일어날까봐 두려워해요.
머릿속이 이런 걱정거리로 가득할 때
우리는 기도할 수 있어요.

여러분의 염려를 다 하나님께 맡기십시오.
하나님이 여러분을 보살피고 계십니다.

베드로전서 5장 7절

하나님께 염려를 맡기는 방법은 기도하는 거예요.
방바닥에 떨어진 장난감을 하나씩 주어서 장난감통에 넣듯이
우리의 걱정거리를 하나씩 말씀드리며 하나님께 맡기는 거예요.
하나님은 우리가 염려하는 것들에 대해 관심이 있으세요.
우리가 하나님께 걱정거리를 맡기고
해결해주실 것을 믿음으로 기도하면,
하나님은 우리에게 평안한 마음을 주시고
더는 염려할 필요가 없게 되지요.

질문해보아요

하나님께 기도로 맡겨야 할 걱정거리가 있다면 무엇인가요?

가까운 사람들에게 예수님을 전할 수 있도록 기도해요

우리 주위에는 예수님에 대해 모르는 사람들이 많아요.
예수님에 대해 들어본 적 없는 사람도 있고,
들어는 봤더라도 우리의 죄를 씻어주시고 새로운 생명을 주시는
예수님이 우리에게 얼마나 필요한 분인지 모르는 사람도 있어요.

하지만 예수님을 전하는 게 항상 쉽지는 않아요.
하나님께 도와달라고 기도해야 해요.

그리고 하나님이 우리에게 전도의 문을 열어주셔서
그리스도의 비밀을 말할 수 있도록
우리를 위해 기도해주십시오.
나는 이 일 때문에 지금 갇혀 있습니다.
골로새서 4장 3절

하나님에 대해 알고 싶어서
그분 앞에 나온 사람들을 하나님은 사랑하세요!
또 그들을 구원하고 싶어 하세요!
따라서 친구들을 전도할 때 어떻게 해야 하는지 알려달라고
기도하면 하나님은 반드시 알려주실 거예요.
기도한 후 친구들에게 예수님을 전해보아요.

이렇게 기도해요

하나님 아버지, 친구들에게 예수님을 전할 때
어떻게 말해야 하는지 알려주시고 용기를 주세요.

하나님의 힘을 믿고 기도해요

사람들이 기도를 하지 않거나 하다가도 중간에 멈추는 이유는
기도로 하나님의 뜻을 바꿀 수 없다고 생각하기 때문이에요.
그럼에도 하나님께서는 우리의 기도가 중요하기 때문에
우리에게 기도하라고 말씀하신 거예요.

> 그러므로 여러분은 서로 죄를 고백하고
> 병이 낫도록 서로 기도하십시오.
> 의로운 사람의 기도는 능력이 있고 효과가 있습니다.
> 야고보서 5장 16절

하나님께서 우리의 기도를 통해 일하시는 방법 중 하나는
바로 기도하는 우리 자신을 변화시키시는 거예요!
우리는 대부분 환경이 달라지게 해달라고 기도하지만
하나님은 환경이 아니라 우리 자신을 변화시키실지도 몰라요!
기도를 통해 우리의 인내심을 길러주실 수 있어요.
모든 일에 기도로써 하나님을 신뢰하는 법도 가르쳐주실 수 있어요.

이렇게 기도해요

하나님 아버지, 저의 작은 기도에도 응답하시고 저의 삶과 이 세상에서 일하여 주시니 감사해요.

기도 시간을 정해놓아요

대부분의 사람들이 기도를 하고 싶어도
언제 기도해야 할지 모르겠다고 말해요.
매일매일 할 일이 많고 바쁘다보니
기도하는 것을 잊어버리기도 하지요.

그러니 정말로 기도하고 싶다면,
매일 기도할 수 있는 시간과 장소를 정해놓아요.
하루를 시작하기 전에 기도하기로 했다면, 알람 소리를 듣자마자
이불 밖으로 나와 바닥에 무릎을 꿇고 기도하는 거예요.
아니면 양치를 할 때 기도하거나,
등하굣길에 버스나 차 안을 기도 장소로 정해도 돼요.
잠자기 전에 기도해도 좋아요.
매일 규칙적인 시간을 정해서 기도하다 보면
기도가 생활의 일부가 될 거예요.

여호와여, 주는 아침마다 내 소리를 들으실 것입니다.
내가 주께 기도하며 간절한 마음으로
주의 응답을 기다리겠습니다.
시편 5편 3절

질문해보아요

매일 기도할 수 있는
시간을 정한다면 언제인가요?

포기하지 않고 기도해요

우리는 한두 번 기도하다가 그만둘 때가 있어요.
하나님이 바로 응답해주시지 않는 것 같으면 절망스럽기도 하고요.
하지만 성경은 절대 포기하지 말고
늘 기도해야 한다고 말하고 있어요.

쉬지 말고 기도하십시오.
데살로니가전서 5장 17절

기도의 응답이 늦어진다고 해서 하나님께서 우리의 기도를
안 듣고 계신다는 뜻이 아니에요. 때로는 기다려야 해요.
기다리는 게 힘들 수도 있어요.
하지만 하나님이 하시는 일은 언제나 옳고
하나님의 때는 완벽해요.
그러니 기도하고 또 기도해요!

질문해보아요

포기하지 않고 기도할 준비가 됐나요?
그렇다면 시편 기자와 함께 이렇게 기도해요.

여호와께서 내 기도를 듣고 응답하시니 내가 그를 사랑하게 되는구나.
그가 나에게 귀를 기울이셨으니 내가 평생 기도하리라!

시편 116편 1-2절

하나님
어떻게
기도할까요?

사명선언문

너희가 흠이 없고 순전하여……세상에서 그들 가운데 빛들로
나타내며 생명의 말씀을 밝혀 _ 빌 2:15-16

1. 생명을 담겠습니다
만드는 책에 주님 주신 생명을 담겠습니다.
그 책으로 복음을 선포하겠습니다.

2. 말씀을 밝히겠습니다
생명의 근본은 말씀입니다.
말씀을 밝혀 성도와 교회의 성장을 돕겠습니다.

3. 빛이 되겠습니다
시대와 영혼의 어두움을 밝혀 주님 앞으로 이끄는
빛이 되는 책을 만들겠습니다.

4. 순전히 행하겠습니다
책을 만들고 전하는 일과 경영하는 일에 부끄러움이 없는
정직함으로 행하겠습니다.

5. 끝까지 전파하겠습니다
모든 사람에게, 땅 끝까지, 주님 오시는 그날까지
복음을 전하는 사명을 다하겠습니다.

서점 안내

광화문점	서울시 종로구 새문안로 69 구세군회관 1층 02)737-2288 / 02)737-4623(F)
강남점	서울시 서초구 신반포로 177 반포쇼핑타운 3동 2층 02)595-1211 / 02)595-3549(F)
구로점	서울시 동작구 시흥대로 602, 3층 302호 02)858-8744 / 02)838-0653(F)
노원점	서울시 노원구 동일로 1366 삼봉빌딩 지하 1층 02)938-7979 / 02)3391-6169(F)
일산점	경기도 고양시 일산서구 중앙로 1391 레이크타운 지하 1층 031)916-8787 / 031)916-8788(F)
의정부점	경기도 의정부시 청사로47번길 12 성산타워 3층 031)845-0600 / 031)852-6930(F)
인터넷서점	www.lifebook.co.kr